CHAMBRE DES PAIRS.

Séance du 22 février 1841.

DISCOURS

Prononcé par M. le Comte Baudrand, à l'occasion du décès de M. le Vicomte Rogniat.

Un historien célèbre reprochait à ses contemporains leur indifférence pour la mémoire des hommes qui avaient bien mérité de leur patrie.

Cette apathie du siècle ne souffrait d'exception que dans les cas bien rares où quelque éclatante vertu triomphait de l'insouciance et de l'envie, vices dont les grandes et les petites sociétés, à l'époque de Tacite, étaient également infectées.

Ce reproche ne peut vous être adressé, Messieurs; il y a quelques jours seulement, un orateur vous rendait ce témoignage à cette tribune. Lorsque la mort vient à frapper quelqu'un de vos collègues, un usage, constamment suivi parmi vous, autorise une voix amie à vous entretenir quelques moments des qualités qui distinguaient celui que vous avez perdu, qui lui avaient concilié votre estime, et qui lui donnent des droits à vos regrets.

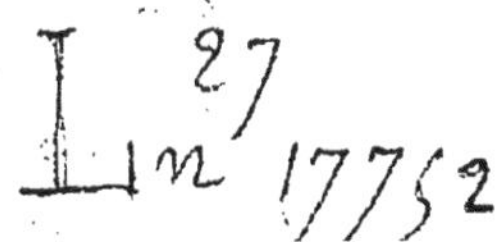

C'est ce pieux devoir que je viens remplir envers le général Rogniat. Je sais combien il eût été désirable qu'une vie si pleine d'importants services et d'utiles travaux eût rencontré un plus habile panégyriste. Toutefois, quand un ancien compagnon d'armes du général vient exprimer le sentiment pénible dont il est affecté, n'est-il pas certain de rencontrer vos sympathies? Les faits qu'il a à vous rappeler, racontés dans toute leur simplicité, vous intéresseront assez par eux-mêmes : ils n'ont besoin ni d'art ni d'ornements.

Le général Rogniat naquit en 1776, dans une petite ville du Dauphiné. Son père, député par sa province à l'une de nos assemblées législatives, au commencement de la Révolution, s'étant courageusement opposé à la violence des partis qui divisaient la France, mérita la disgrâce de ces partis. Il fut obligé de fuir ou de se cacher : ses biens furent séquestrés, et ses enfants, dans leur première jeunesse, privés des soins paternels, en même temps que des ressources de la fortune, furent réduits à pourvoir par eux-mêmes à leur éducation et au choix d'une carrière où ils pussent trouver une honorable existence. L'aîné fut admis comme chef de brigade à l'École polytechnique, puis entra dans l'administration publique, dont il était encore naguère un des membres les plus distingués.

Le second fils (Joseph) est celui dont j'ai à vous entretenir.

Après un an à peine d'étude des sciences mathématiques, il passa un examen et fut reçu, à l'âge de dix-huit ans, dans le corps du génie militaire, passa quelques mois seulement à l'école d'application, et fut envoyé à l'armée de Rhin et Moselle, dont Moreau venait de prendre le commandement. Le jeune Rogniat eut ainsi les occasions, qu'il désirait ardemment, de révéler ce qu'il était. Bientôt son activité, son coup d'œil rapide, sa bravoure, qu'il portait quelquefois jusqu'à la témérité, le firent considérer comme un officier de la plus haute espérance, et lui conquirent l'estime et la confiance de son général. Rogniat, simple capitaine, dut souvent cumuler les fonctions de commandant du génie, d'aide-de-camp, de chef d'état-major; plusieurs fois il fut chargé de conduire les colonnes. Dans ces diverses fonctions, pour la plupart supérieures à celles de son grade, notre jeune officier, craignant que cette préférence blessât quelques amours-propres, en fit l'observation au général Delmas, son commandant de division. Mais ce général, persuadé que le succès des opérations est le but qu'il est important d'atteindre, et qu'il faut charger de leur direction les hommes capables de les faire réussir, répondit toujours : « Je veux que cela soit ainsi. »

Une campagne mémorable s'ouvrit, où de grands mouvements stratégiques furent exécutés. On vit les armées élargir leurs champs de bataille, et combiner leurs mouvements sur des terrains d'une vaste étendue. Jourdan et Moreau reçurent ordre d'envahir l'Allemagne et de faire converger leurs colonnes vers la capitale de l'empire autrichien. Les troupes autrichiennes, en se repliant, suivirent elles-mêmes cette direction, jusqu'au moment où, arrivé sur le haut Danube, l'archiduc Charles reprit l'offensive, se porta avec rapidité sur la droite de Jourdan, et le contraignit à se retirer sur la rive gauche du Rhin.

Par cet événement, Moreau se trouva dans une position difficile et dangereuse; mais il fit cette retraite célèbre, l'un des plus solides fondements de son illustration.

Vous comprenez, Messieurs, combien je me sentirais entraîné, moi, vieux soldat et ancien ami du Général, à entrer dans le récit des premiers incidents de sa vie militaire, et à vous signaler les actions par lesquelles il se fit remarquer dès ses premières campagnes; mais il me faut résister à cet entraînement; et sans entrer dans des détails qui seraient longs, je me contenterai de dire que Rogniat se trouva à tous les combats auxquels la division Delmas prit part, dans l'invasion et dans la retraite; qu'il fut employé à la défense de Kehl au retour; qu'après ces campagnes de 1795 et 1796, il fit celles de 1797, 1798, 1799 et 1800, aux armées d'Angleterre, de Mayence, d'Helvétie et du Rhin.

Cependant, au milieu de cette guerre acharnée, de travaux et de dangers sans cesse renaissants, malgré la réputation qu'il avait acquise et l'estime dont il jouissait, Rogniat était toujours capitaine; ce fut seulement le 9 juillet 1800 qu'il fut promu extraordinairement au grade de chef de bataillon par décision du général en chef Moreau, datée du quartier-général de Nymphenbourg. Cette nomination fut aussitôt confirmée par arrêté du Premier Consul.

En 1805 commença cette série d'exploits militaires et d'actes diplomatiques qui signalèrent la fin de cette année 1805 et les premiers mois de 1806.

Rogniat fut employé en qualité de commandant du génie, d'abord au 7e corps de la Grande-Armée, ensuite à la réserve de cavalerie, à l'état-major du prince Murat, puis au 10e corps, enfin au corps d'observation.

Le 14 octobre 1806 se livrait la bataille d'Iéna, qui fit tomber la Prusse entière au pouvoir du vainqueur. Bientôt après, les troupes russes eurent à soutenir le choc des Français au combat de Pultusk et à la sanglante bataille d'Eylau.

L'Empereur, dans sa marche rapide, avait laissé loin de lui un nombre considérable de places fortes; il en ordonna les siéges, afin d'assurer ses nouvelles conquêtes. La prise de Dantzick lui importait surtout: cette place lui offrait un excellent point d'appui sur sa ligne d'opération, et la garnison nombreuse qui s'y trouvait, communiquant librement avec la mer, aurait pu inquiéter ses derrières. Rogniat fut appelé à la brigade d'ingénieurs formée pour ce siége, et fut choisi par le Maréchal Lefebvre pour faire les fonctions de major de tranchée, diriger les mouvements des troupes et repousser les sorties; fonctions difficiles en présence d'une garnison puissante par le nombre, par la discipline et par la valeur.

Il fallait aux connaissances de l'ingénieur réunir le coup d'œil et la vigueur d'un militaire expérimenté. Rogniat remplit ce rôle de la manière la plus brillante; l'honneur qu'il y acquit se grandit encore des obstacles qu'opposèrent les assiégés, sous la direction du célèbre Bousmard, émigré français, qui faisait partie de la garnison et devint l'âme de la défense. Je ne vous parlerai point de cette audace avec laquelle le jeune Rogniat s'empara, à plusieurs reprises, d'une ligne de contre-approche établie par les assiégés sur la gauche de notre principale attaque, et si vivement disputée par eux; je ne vous décrirai point ses habiles dispositions, son activité pour prévenir ou repousser les fréquentes sorties de la garnison, et la vigueur avec laquelle il couronna de vive force plusieurs parties de chemins couverts. Les épisodes de ce siége ne sont point effacés de vos souvenirs, et vous comptez même encore parmi vous quelques-uns des acteurs et des témoins de ces faits mémorables.

La guerre contre les Prussiens et les Russes se termina par la bataille de Friedland et le traité de Tilsit. Le Roi de Suède, soutenu par l'Angleterre, refusa d'entrer en négociations; il fallut donc faire le siége de Stralsund. Rogniat fut appelé à ce siége, et s'y fit remarquer par l'habileté et la rapidité avec lesquelles il poussa les attaques de gauche dont il était chargé.

Pour récompense de sa valeur et de sa capacité sur les champs de bataille et dans les siéges, à Iéna, à Pultusk, à Eylau, à Dantzick, à Stralsund,

Rogniat fut successivement élevé aux grades de major et de colonel.

Après le traité de Tilsit, après le congrès d'Erfurth, il n'y avait plus rien dans le nord de l'Europe qui résistât à Napoléon; tout pliait sous sa puissance ou reconnaissait son ascendant : il dirigea ses vues sur la Péninsule ibérique.

L'entrée des armées françaises sous les ordres de Murat et de Junot, en Espagne et en Portugal, produisit le soulèvement général de ces deux royaumes. Rogniat avait été envoyé en Espagne. Il reçut la mission délicate et périlleuse de se rendre auprès de Castaños, qui commandait les troupes espagnoles du camp de Saint-Roch sous Gibraltar, et de l'engager à se déclarer pour les Français. Rogniat part de Madrid accompagné d'un seul officier espagnol, pénètre en Andalousie à travers mille dangers; après son arrivée au camp de Saint-Roch, où il eut une entrevue avec le général Castaños, sa mission était terminée. Mais le retour semblait présenter d'insurmontables difficultés; presque à chaque pas l'envoyé de Murat était arrêté par des populations avides de sang, exaspérées encore par l'expédition de Dupont sur Cadix, et il n'échappa à tant de périls que par son courage et son sang-froid.

La catastrophe de Baylen ramena bientôt les troupes françaises sur la frontière des Pyrénées. Il fallut reconquérir l'Espagne soulevée, et défendue désormais par des multitudes portées au plus haut degré d'exaspération. L'Empereur y envoya trois cent mille hommes; l'Espagne entière fut transformée en un vaste champ de bataille. Parmi ces innombrables et sanglants combats, le second siége de Saragosse fit une vive impression sur les esprits par sa durée, par les difficultés extraordinaires qu'on y rencontra, et par les efforts inusités qu'on eut à faire pour les surmonter. Rogniat ayant eu d'importantes fonctions à remplir dans cette opération militaire, j'espère que vous me pardonnerez d'en rappeler quelques traits à votre mémoire.

Saragosse n'avait pour enceinte qu'une simple muraille flanquée par des édifices appartenant à des ordres religieux. Le maréchal Mortier eut la mission de couvrir les troupes assiégeantes contre les entreprises du dehors. Le maréchal Moncey fut chargé de faire le siége avec vingt-cinq mille hommes; la place renfermait cent mille âmes dans son sein, dont soixante mille hommes armés : âmes irascibles et fières, animées par les plus violents sentiments de haine et de vengeance.

Tandis qu'une attaque était dirigée par le colonel Dode de la Brunerie contre le faubourg, sur la rive gauche de l'Èbre, l'attaque contre la ville, sur la rive droite du fleuve, fut conduite par Rogniat, d'abord sous les ordres du général Lacoste, puis en chef, lorsque ce général eut été tué.

Vous savez, Messieurs, que ce fut seulement après vingt-neuf jours de tranchée et la brèche étant faite au corps de place, qu'un assaut nous en rendit maîtres; mais que loin d'être terminée la défense n'en fut que plus acharnée. Chaque couvent, chaque maison devint entre les mains des assiégés une citadelle sur laquelle il fallut diriger de nouvelles attaques et de nouveaux assauts. Cette guerre meurtrière dans les entrailles de la cité dura encore vingt-quatre jours.

Enfin, après cinquante-deux jours de tranchée, après la perte de 53,000 individus, tant de la garnison que des habitants, ensevelis sous les débris ; après la destruction de la plupart de ses édifices, par la mine, par la sape, par le canon ou par l'incendie ; Saragosse, qui n'était plus qu'un monceau de ruines, de cendres et de cadavres, demanda et obtint une capitulation.

Si l'on ne peut refuser son admiration à l'opiniâtre dévouement des assiégés, qui rappelle les héroïques défenses des antiques forteresses de Sagonte et de Numance, on ne peut s'empêcher non plus de faire remarquer que ce n'a été qu'en portant jusqu'à l'héroïsme l'énergie, la constance et l'audace dans l'attaque, qu'on a pu parvenir à triompher d'une telle résistance,

Je regrette qu'un cadre trop étroit m'empêche de vous faire connaître en détail la part que prit le brave Rogniat à ce siége célèbre, où il fut blessé ; ses talents, sa vigueur, son infatigable activité, ce zèle ardent qu'il savait si bien communiquer aux officiers et aux troupes qui servaient sous ses ordres, furent certainement un des principaux éléments de succès dans cette difficile entreprise.

Le Maréchal Lannes, qui avait pris le commandement des troupes quelques semaines avant la fin du siége, sut l'apprécier; il l'honora de son estime et de son affection. Ce fut sur le compte rendu par le Maréchal à l'Empereur de la conduite du colonel Rogniat, que ce colonel fut élevé au grade de général de brigade. Bientôt après, à l'ouverture de la campagne de 1809, en Autriche, Napoléon fit venir le nouveau général à son état-major; il lui confia plusieurs missions importantes; il se plaisait à s'entretenir avec lui, et semblait mesurer ses forces dans l'intention de l'appeler à de plus hautes fonctions.

Cette campagne de 1809 s'étant terminée par de nouveaux triomphes, Napoléon tourna encore une fois ses vues sur la Péninsule. Tandis que Masséna envahissait une troisième fois le Portugal, on se disposa à enlever les places qui fournissaient encore des points d'appui aux armées espagnoles. Le général Rogniat fut désigné nominativement par l'Empereur pour diriger les siéges que devait faire le Maréchal Suchet en Catalogne et dans le royaume de Valence.

A Tortose, le Général donna encore des preuves de l'énergie de son caractère et de sa haute capacité : au lieu d'ouvrir la tranchée à 600 mètres de la place, comme on est dans l'usage de le faire, afin de soustraire les travailleurs au feu meurtrier de la mitraille, Rogniat, favorisé par une nuit obscure et un vent violent, profita avec sagacité des avantages du terrain, et porta sa première parallèle à 170 mètres seulement de la contrescarpe; et il chemina ensuite avec une telle rapidité, qu'en sept jours les crêtes des chemins couverts furent couronnées, sous le feu très-vif de l'assiégé, et malgré les sorties fréquentes d'une garnison de 11,000 combattants. La brèche faite et rendue praticable, les Espagnols, frappés d'étonnement par cette hardiesse et cette rapidité, ne poussèrent pas plus loin la résistance et ouvrirent les portes de la ville.

Tous les moyens de rendre une place formidable étaient réunis autour de Tarragone : ouvrages anciens et nouveaux, terrains difficiles aux cheminements, 20,000 hommes de garnison, appuyés d'un côté par une armée d'égale force qui tenait la campagne, et, du côté de la mer, par une flotte anglaise mouillée sous les murs de la forteresse. Il fallut ouvrir neuf brèches et livrer autant d'assauts. Le dernier coûta 4,000 morts aux assiégés, et fit tomber la place et 10,000 prisonniers au pouvoir des assiégeants.

Dans cette dernière action, quand nos colonnes d'assaut entrèrent dans Tarragone, nos soldats, irrités par l'opiniâtreté de la résistance et par les pertes qu'elle nous avait fait éprouver, n'épargnaient point les habitants. Rogniat marchait à la tête de quelques compagnies pour couper la retraite de la garnison vers la mer; il se trouva par là en position de venir au secours des Tarragonais, et fut assez heureux pour en soustraire un grand nombre à la fureur du soldat.

Plein d'humanité envers un ennemi vaincu, Rogniat, qui, dans sa première jeunesse, portait la valeur jusqu'à la témérité, étant parvenu aux grades plus élevés, et comprenant la plus grande étendue de ses devoirs, était calme et réfléchi dans le danger, et même dans les moments de la plus grande excitation, il ne s'abandonna jamais imprudemment à son ardeur. Le recueil des avis qu'il eut à exprimer dans les siéges nombreux dont il eut la direction, formerait un excellent traité de l'art d'attaquer les places; ses opérations sont les meilleurs modèles que puissent suivre ceux qui lui succéderont.

Avare du sang des soldats, il voulait que, dans les attaques, on n'abandonnât rien au hasard, et qu'on se livrât seulement aux entreprises qui présentaient des chances suffisantes de succès.

Déjà, au siége de Tarragone, on avait eu lieu de regretter de n'avoir pas suivi un avis prudent de Rogniat. Sous les murs de Murviedro (l'ancienne Sagonte), une tentative d'escalade et un assaut prématuré, qui eurent lieu pendant une absence du Général, ne produisirent que la perte d'un grand nombre de braves, un affaiblissement dans le moral des assiégeants et un retard dans les opérations. On se conforma alors aux conseils du directeur des attaques; on pratiqua les cheminements sur le roc nu avec des sacs à terre, les batteries furent rapprochées des parties de l'enceinte qu'elles devaient renverser, les rampes des brèches furent rendues accessibles, et comme le mauvais succès du précédent assaut faisait craindre qu'une nouvelle tentative de ce genre n'eût pas un meilleur résultat, le chef des ingénieurs fit pousser la sape sur la brèche, et il se disposait à en couronner le sommet, lorsque la perte de la bataille de Sagonte détermina la garnison à ouvrir ses portes.

Sous les murs de Valence, Blake avait réuni un corps de 30,000 hommes : protégé par le Guadalaviar, soutenu par la forteresse, ce général se croyait assuré d'en empêcher l'investissement et le siége. Mais bientôt il fut attaqué par le flanc, que le canon de la place ne pouvait mettre à l'abri, et le Maréchal Suchet manœuvra de manière à ne laisser aux Espagnols d'autre retraite que la place elle-même.

Cette place, ayant pour toute défense un mur d'enceinte flanqué de tours, les assiégés avaient cru devoir, pour mettre ce mur à l'abri du canon de l'assiégeant, l'envelopper d'une ligne continue de retranchements en terre, derrière lesquels Blake vint prendre position avec son armée ; le Maréchal Suchet, par les conseils de Rogniat, s'appliqua à rendre impossible la sortie de l'armée espagnole. Tandis qu'on ouvrait la tranchée sur les points les plus saillants des ouvrages en terre, on se hâta de compléter l'investissement et de s'emparer de toutes les issues : et Blake, après avoir fait, pour déboucher, des efforts qui furent inutiles, parce qu'il ne s'était ménagé au dehors aucun appui, aucun fort extérieur qui couvrît ses têtes de colonnes et leur permît de se déployer, se vit dans la dure nécessité de rendre la place et son armée.

Pour des causes analogues, Mack avait perdu Ulm et avait mis bas les armes avec 30,000 hommes ; par des dispositions plus habiles, Napoléon, plus tard, sortit vainqueur de la bataille de Dresde.

La destruction du corps de Blake, la dernière des armées espagnoles, fit penser à Napoléon que la guerre de la Péninsule était terminée; il se hâta de mettre à exécution son funeste projet d'invasion de la Russie. Rogniat reçut ordre de se rendre à son état-major, et fut ensuite détaché au corps d'avant-garde commandé par Murat.

Dans la désastreuse campagne de Moscou, nul n'échappa aux maux de toute espèce dont l'armée fut accablée : doué d'un physique endurci aux fatigues, mais surtout soutenu par son énergie morale, Rogniat résista aux privations de tout genre, ainsi qu'à l'excessive rigueur du climat. Il fut nommé commandant en chef du génie auprès du prince Eugène Beauharnais, chargé de recueillir les débris de la Grande-Armée. Mais bientôt l'Empereur revint prendre le commandement, et Rogniat se trouva à ses côtés aux batailles de Lutzen, de Bautzen, de Leipsick et d'Hanau.

Ce fut à peu près dans ce temps-là que se manifesta un grand refroidissement dans les dispositions de Napoléon envers Rogniat : il est difficile d'assigner la cause première de cette fâcheuse désaffection de l'Empereur à l'égard de son commandant en chef du génie. On peut conjecturer que les critiques faites par ce dernier sur l'expédition de Moscou, et sur les mouvements stratégiques qui eurent lieu avant les malheureuses journées de Leipsick, quelque mécontentement témoigné par lui du peu de cas que l'on avait fait de ses avis pendant l'action, on peut croire que ces observations, présentées peut-être avec trop peu de ménagement, firent succéder à la bienveillance que Napoléon avait jusque-là constamment montrée pour le Général des procédés d'une tout autre nature, qui ne pouvaient manquer de produire une profonde impression sur un tel caractère.

Dans la retraite de l'armée sur les places de la Lorraine, Rogniat se jeta dans Metz. L'Empereur, qui voyait avec peine se séparer de lui un homme de ce mérite, lui fit à plusieurs reprises donner l'ordre de le rejoindre : mais alors les partis ennemis avaient enveloppé la place, et cet ordre ne put parvenir à sa destination.

Les travaux de la mise en état de défense de Metz, quelque importants qu'ils fussent, ne suffisaient pas à l'activité du général Rogniat : il fit remarquer au général Durutte, gouverneur, la faute commise par les alliés, qui avaient fait de Nancy une place de dépôt où ils n'avaient laissé qu'un corps insuffisant, tandis que leurs armées s'étaient avancées dans les plaines de la Champagne; on pouvait en effet tirer des garnisons de Metz et des places environnantes, sans compromettre leur sûreté, un corps de 10,000 hommes qui, agissant sur les derrières de l'ennemi, devait produire une diversion utile, et peut-être amener des événements d'une grande importance.

Le général Durutte hésitait, et n'osait s'éloigner de la place dont la conservation lui était confiée; il sortit cependant, et, bien que cette manœuvre n'ait été exécutée qu'incomplétement, puisque Durutte ne crut pas devoir aller jusqu'à Nancy, elle attira l'attention de l'Empereur, qui se porta vers les trois évêchés. Mais il s'arrêta à Saint-Dizier, et rétrograda sur Paris, où, malgré sa diligence, il ne put arriver assez promptement pour éviter la catastrophe.

En 1815, les impressions défavorables pour Rogniat parurent entièrement effacées de l'esprit de Napoléon. Il le désigna comme commandant en chef du génie à l'armée qui combattit à Waterloo.

Les événements qui suivirent cette bataille, et le traité de Paris, mirent fin aux hostilités. Rogniat, nommé à la présidence du comité des fortifications, qu'il conserva jusqu'à sa mort, prit une grande part à la solution des questions importantes qui s'y traitèrent. Il fut chargé de reconnaître nos frontières, telles que les avaient faites les dernières transactions, et fit sur plusieurs d'elles d'excellents Mémoires qui resteront comme des modèles de clarté et de précision, et dont les vues élevées feront toujours apprécier le mérite de l'auteur, comme militaire et même comme écrivain.

Ces occupations ne furent pas les seules auxquelles il se livra.

L'état de paix rendait inutiles cette activité, ce courage, ce sang-froid, qui avaient signalé Rogniat pendant la guerre. Mais lorsqu'ils quittent la vie des camps, les militaires qui comprennent l'étendue de leur mission ne croient pas que leur tâche soit terminée. S'ils n'ont plus l'occasion de verser leur sang pour leur pays, ils savent qu'ils lui doivent les observations qui sont le fruit de leur expérience.

Le général Rogniat s'était appliqué dès sa jeunesse à l'étude de l'art de la guerre chez les anciens et chez les modernes. Le temps et les progrès de la civilisation ont amené de grands changements dans les institutions militaires. Dans son livre sur l'art de la guerre, Rogniat compare les institutions des peuples de l'antiquité avec celles qui sont maintenant en usage. Parmi d'excellentes vues et des idées pleines de justesse, le Général, se livrant à son imagination, proposa quelques innovations qui ne furent point approuvées. Nous devons croire toutefois que, dans une seconde édition, il se serait rendu aux observations qui lui avaient été faites, puisque dans un écrit qu'il publia en 1823, le Général, ainsi qu'il appartient à un homme supérieur, reconnaît la justesse de la critique, malgré l'âpreté avec laquelle elle avait été exprimée.

Notre auteur se montre zélé partisan de la guerre méthodique et recommande de ne jamais s'écarter des principes dont l'oubli expose les généraux aux disgrâces de la fortune. Les suites heureuses de quelques témérités brillantes ne le séduisent point, et il ne se montre nullement ébloui de quelques succès éclatants, mais obtenus par des moyens dont l'emploi réitéré devait tôt ou tard conduire aux plus désastreux résultats.

Le Général expose ses doctrines avec clarté et simplicité; son style, plein de vie et de mouvement, excite et soutient l'attention du lecteur, étonné de trouver de l'attrait là où il ne croyait rencontrer que l'aridité d'une œuvre didactique.

Dans les Mémoires publiés en 1826 et 1827, sur le meilleur emploi à faire des garnisons, des armes et des munitions dans les places assiégées, Rogniat indique toutes les ressources qu'un gouverneur intelligent et brave doit mettre en usage pour la défense de la forteresse qui lui est confiée. C'est le travail le plus détaillé et le plus complet que nous possédions sur cette matière.

Le général Rogniat aborda aussi le champ vaste et épineux de la politique. Le livre, intitulé *des Gouvernements*, qui parut en 1826, atteste les méditations auxquelles il s'était livré sur la législation et sur les meilleures formes de gouvernement. Ennemi déclaré du pouvoir arbitraire aussi bien que de l'anarchie, il voudrait des institutions propres à la formation de bonnes lois, et en même temps efficaces à en assurer la toute-puissance, sans laquelle il n'y a ni sécurité ni liberté pour l'homme en société.

Par un style clair, facile, animé, l'ouvrage se fait lire avec intérêt. Quelque opinion qu'on se fasse sur les théories de l'auteur, on ne peut s'empêcher de reconnaître que le général Rogniat a fait preuve, dans ce travail, d'une vaste érudition, d'une critique éclairée, d'un esprit éminemment libéral, et d'un grand amour de l'humanité.

Je ne vous parlerai point, Messieurs, de quelques opuscules récemment publiés par Rogniat sur l'Algérie et sur le projet de fortifier Paris.

Ces écrits, dont le dernier ne vous a été distribué qu'après sa mort, sont encore sous vos yeux.

Dans l'Académie des Sciences, où les diverses publications du Général lui avaient donné accès, il eut occasion de faire plusieurs rapports, qui, remarquables par une élocution facile et par les idées saines qu'ils contenaient, fixaient toujours l'attention de ses auditeurs.

Après cette série de souvenirs, serais-je excusable si je n'ajoutais du moins quelques mots sur la vie privée du Général?

Indépendamment des grades dont il fut successivement revêtu dans l'armée, Rogniat, placé depuis 1815 à la tête du corps du génie militaire, nommé d'abord baron, puis vicomte, grand-croix de la Légion d'honneur, commandeur de l'ordre de Saint-Louis, académicien, Pair de France, membre de l'Académie militaire de Stockholm, avait obtenu des illustrations de divers genres, plus qu'il n'en avait jamais ambitionné.

Distinctions flatteuses cependant quand elles sont le prix des services rendus à la patrie.

Il fut encore réservé au général Rogniat de trouver dans le bonheur de la vie de famille la récompense de son noble caractère : uni à la fille d'un illustre Maréchal, il trouva dans cette société intime la réalisation de toutes ses espérances. A quoi aurait-il pu aspirer désormais? Ne jouissait-il pas de tout ce que l'homme peut désirer sur la terre?

D'un commerce sûr et plein d'aménité, il était parvenu à cet âge où les hommes, instruits par leur longue expérience, sont devenus tolérants et bienveillants, en même temps que leur esprit s'est étendu et rectifié par l'étude et par l'observation. Ceux qui, à ces dons de l'intelligence, à ces nobles qualités du cœur, sont assez favorisés du ciel pour joindre une parfaite conservation de leurs facultés, ceux-là se trouvent dans une position où ils peuvent, plus que dans les époques antérieures de leur vie, être utiles à leur pays, et faire le bonheur de leur famille et de leurs amis. Rogniat possédait tous ces biens, et, ce qui est plus rare encore, il les savait apprécier; il jouissait de ses avantages avec une gratitude qui semblait devoir lui en assurer une longue possession, lorsque l'inexorable destinée l'arracha violemment...., soudainement à cette félicité et à notre affection.

Le Général, aussitôt qu'il eut acquis la conviction de sa fin prochaine, vit sans terreur la mort s'avancer vers lui; il ne témoigna ni faiblesse ni ostentation; il remplit ses devoirs religieux avec cette paix de l'âme que donne à l'homme de bien la confiance en la justice divine; il s'occupa avec une entière lucidité et liberté d'esprit à régler les intérêts de ceux qui devaient lui survivre; il voulut enfin voir ses camarades, ses amis, et leur faire ses derniers adieux.

Quel calme, quelle bienveillance dans cet entretien suprême!

Pouvait-il y avoir quelqu'un d'entre nous dont l'âme eût été assez dépourvue de sensibilité pour n'être pas profondément émue à cette cruelle séparation?

Cependant, au milieu des sentiments douloureux dont nous étions affectés, autour du lit de mort de celui dont la vie fut si pleine d'actes de vigueur et d'énergie, qui ne se serait senti frappé d'admiration en contemplant la résignation et la sérénité de ses derniers moments?

Heureux celui à qui la force a été donnée en partage! Heureux celui à qui il a été concédé de couronner une telle vie par une telle fin, et de qui l'on peut répéter, avec vérité, ce qui a été dit à la mort de l'un de nos plus grands capitaines :

« Il est mort un homme qui faisait honneur à « l'homme! »

DE L'IMPRIMERIE DE CRAPELET,
IMPRIMEUR DE LA CHAMBRE DES PAIRS,
RUE DE VAUGIRARD, N° 9.

BIBLIOTHEQUE ROYALE
I

www.ingramcontent.com/pod-product-compliance
Ingram Content Group UK Ltd.
Pitfield, Milton Keynes, MK11 3LW, UK
UKHW021153230726
13926UKWH00001B/84

9 782014 069259